CB061409

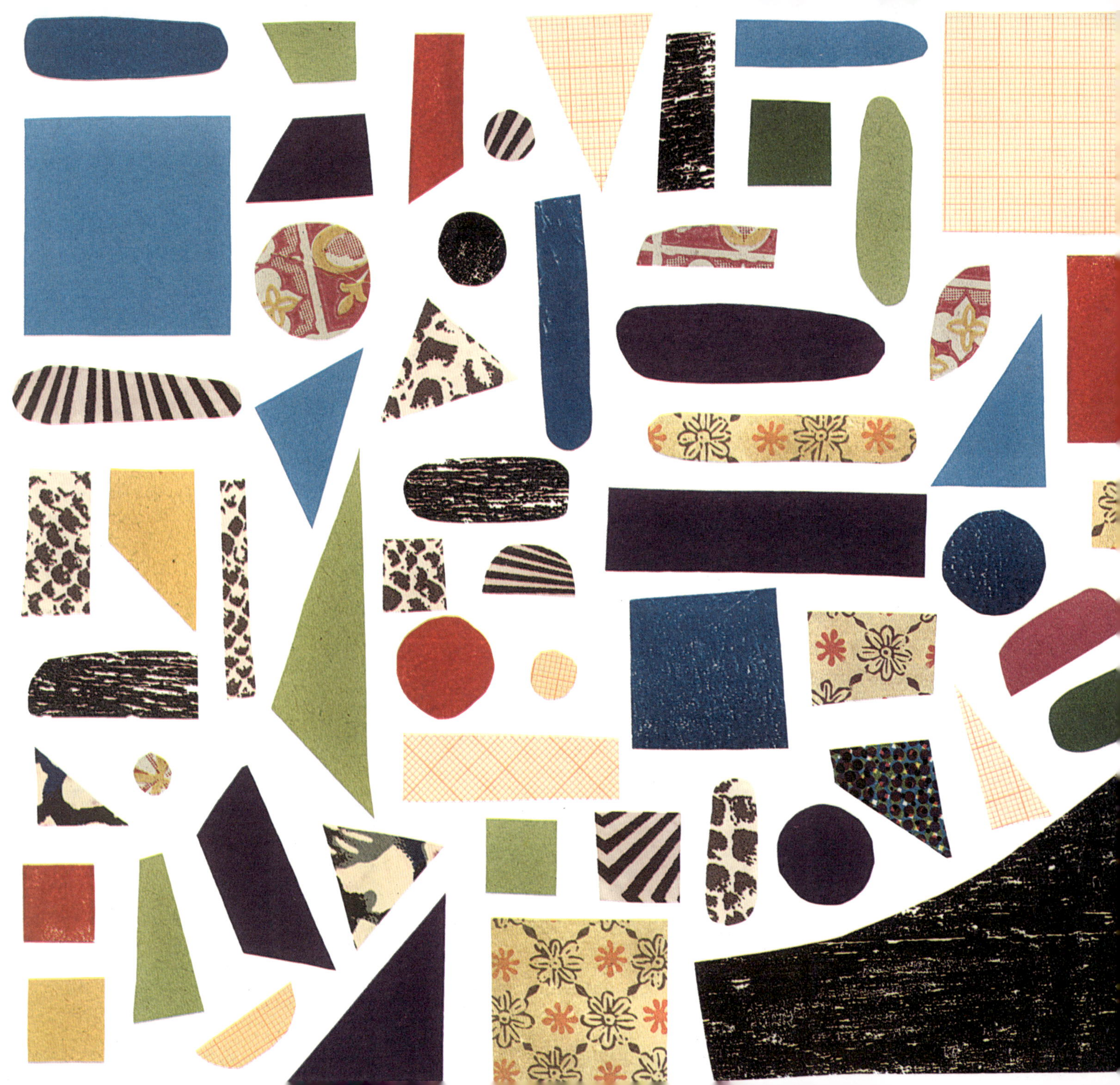

BRIAR

BRINCAR

Copyright © 2012 José Jorge Letria
Copyright © 2012 ilustrações Silvia Amstalden

Editora **Renata Farhat Borges**
Editora assistente **Lilian Scutti**
Produção editorial e gráfica **Carla Arbex**
Projeto gráfico **Silvia Amstalden**
Revisão **Jonathan Busato**

Editado conforme o Acordo Ortográfico da Língua Portuguesa de 1990.

Dados Internacionais de Catalogação na Publicação (CIP)
(Câmara Brasileira do Livro, SP, Brasil)

Letria, José Jorge
Brincar com as palavras/José Jorge Letria; ilustrações Silvia Amstalden. - São Paulo: Peirópolis, 2012.

ISBN 978-85-7596-255-8

1. Poesia - Literatura infantojuvenil
I. Amstalden, Silvia. II. Título.

12-05263   CDD-028.5

Índices para catálogo sistemático:
1. Poesia: Literatura infantil 028.5
2. Poesia: Literatura infantojuvenil 028.5

1ª edição, 2012

EDITORA Peirópolis

Rua Girassol, 128 | Vila Madalena | 05433-000 | São Paulo SP
tel.: (11) 3816-0699 | fax: (11) 3816-6718
vendas@editorapeiropolis.com.br
www.editorapeiropolis.com.br

FSC MISTO
Papel produzido a partir de fontes responsáveis
FSC® C101537
www.fsc.org

JOSÉ JORGE LETRIA

BRINCAR

COM AS PALAVRAS

EDITORA Peirópolis

ILUSTRAÇÕES **SILVIA AMSTALDEN**

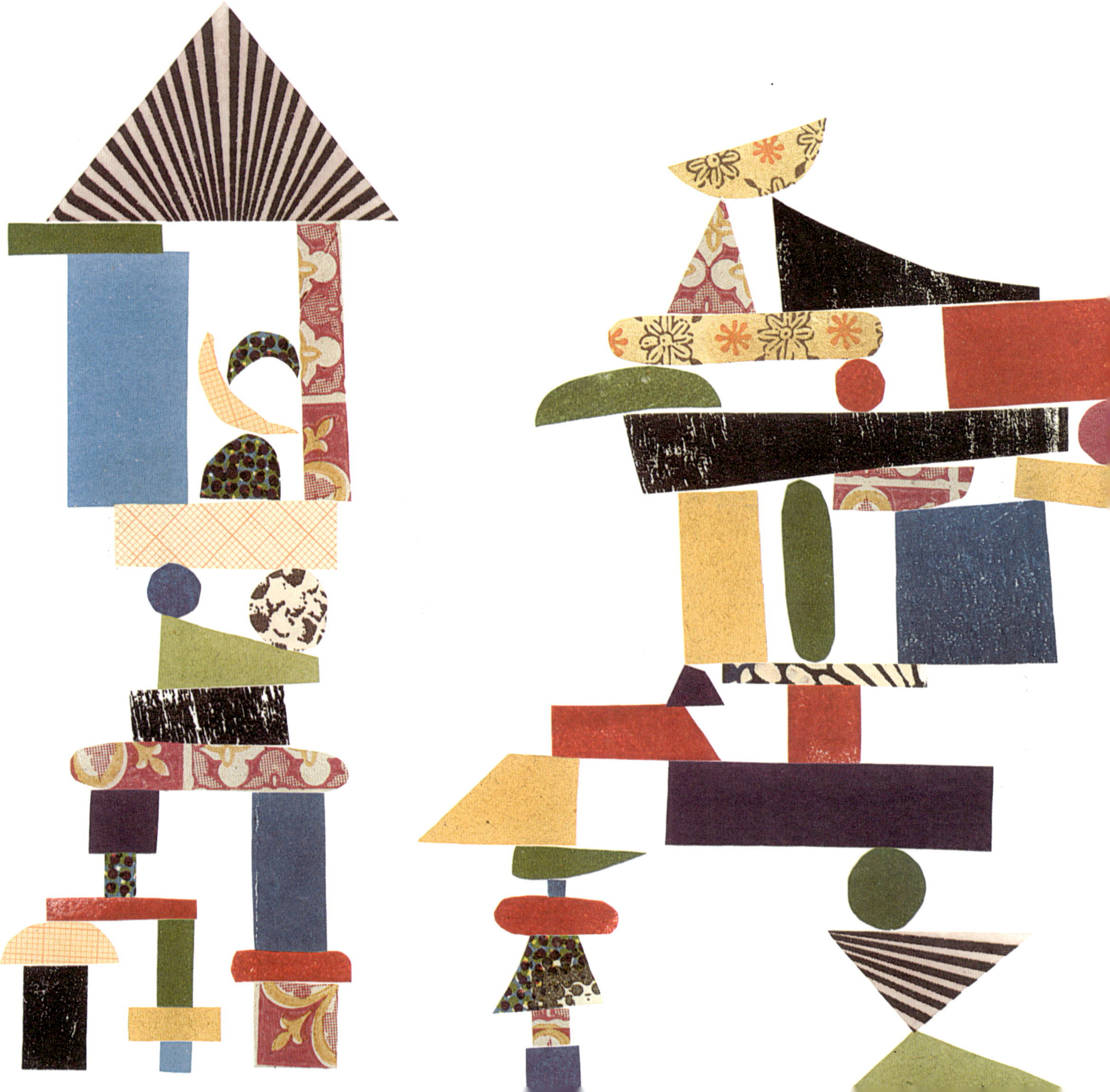

AS PALAVRAS GOSTAM DE BRINCAR,
BRINCALHONAS COMO SÃO,
COM OS SENTIDOS QUE AS HABITAM
NA DEVIDA PROPORÇÃO,
SEJA EM VERSOS, SEJA EM PROSA,
SEJA NUM LONGO ROMANCE
OU NUM TEXTO DE CANÇÃO.

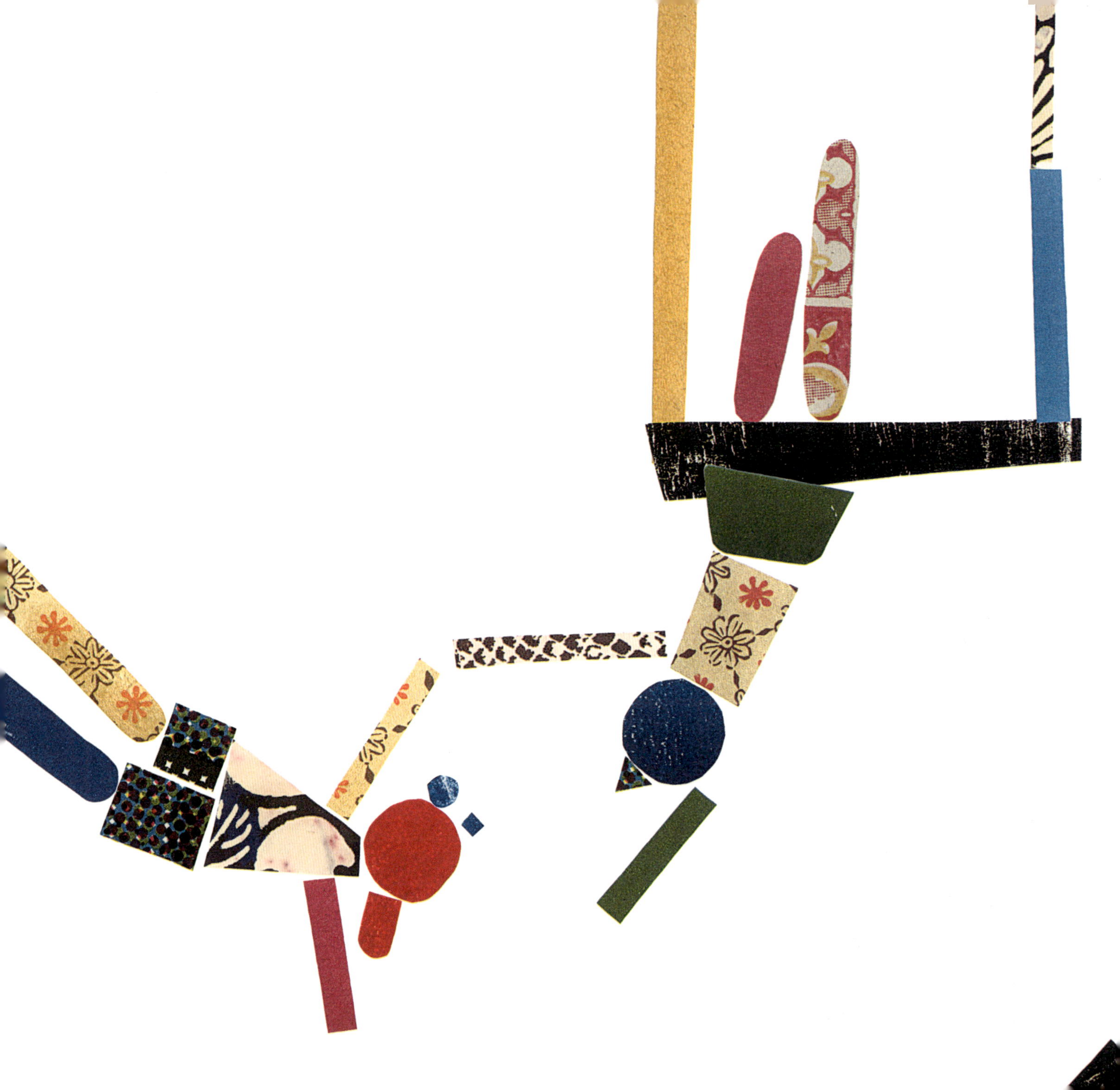

FEITAS DE SÍLABAS ÁGEIS
E DE VARIADOS SONS,
AS PALAVRAS GOSTAM MUITO
DE EXIBIR OS SEUS DONS
NUMA ESPÉCIE DE ACROBACIA
QUE PODE ACABAR NUM DISCURSO
OU NUM TRABALHO DE POESIA.

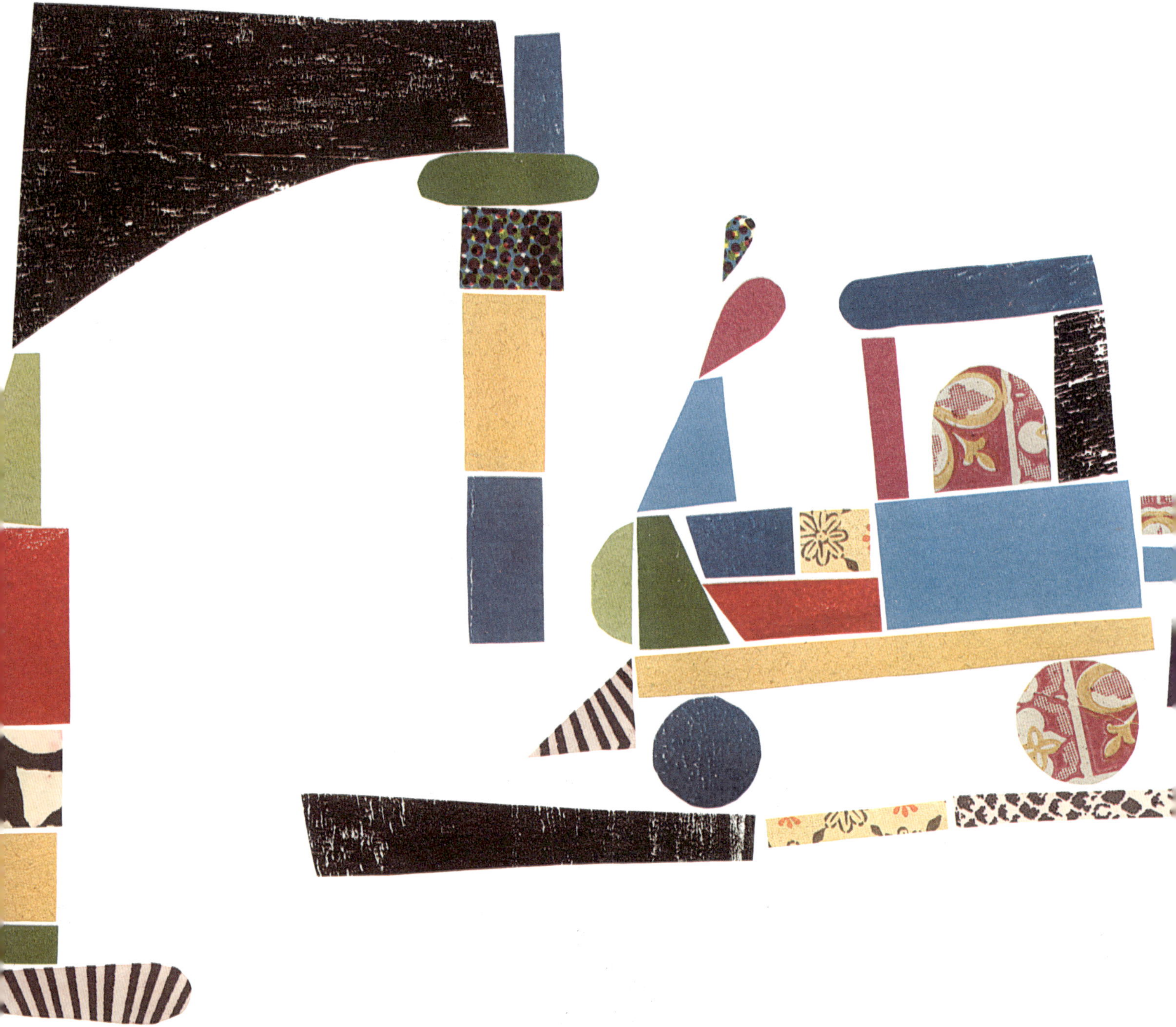

AS PALAVRAS GOSTAM
DE BRINCAR COM OS MENINOS
QUE GOSTAM MUITO DE FALAR
DESDE PEQUENINOS,
JOGANDO COM ELES À ESCONDIDAS
DE FORMA A INVENTAR
AS FRASES MAIS DIVERTIDAS.

AS PALAVRAS SALTAM DOS LIVROS
COMO SE TIVESSEM UM TRAMPOLIM
E CHEGAM ALEGRES E SEM AVISO
ATÉTI OU ATÉ MIM
SEMPRE PRONTAS PARA A BRINCADEIRA,
DE FORMA SALTITANTE E LIGEIRA,
DEIXANDO SEMPRE À MARGEM
A TRISTE PALAVRA FIM.

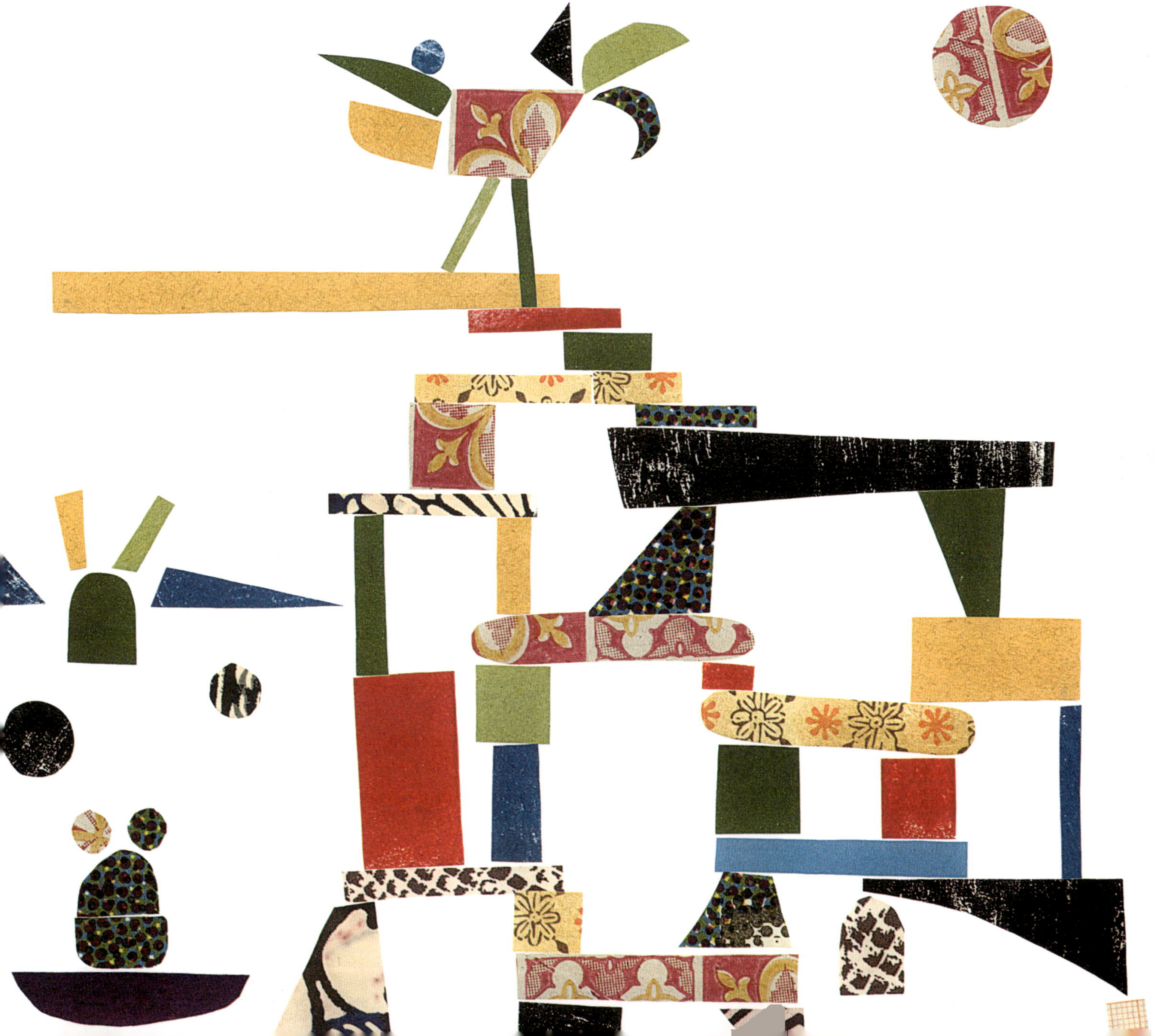

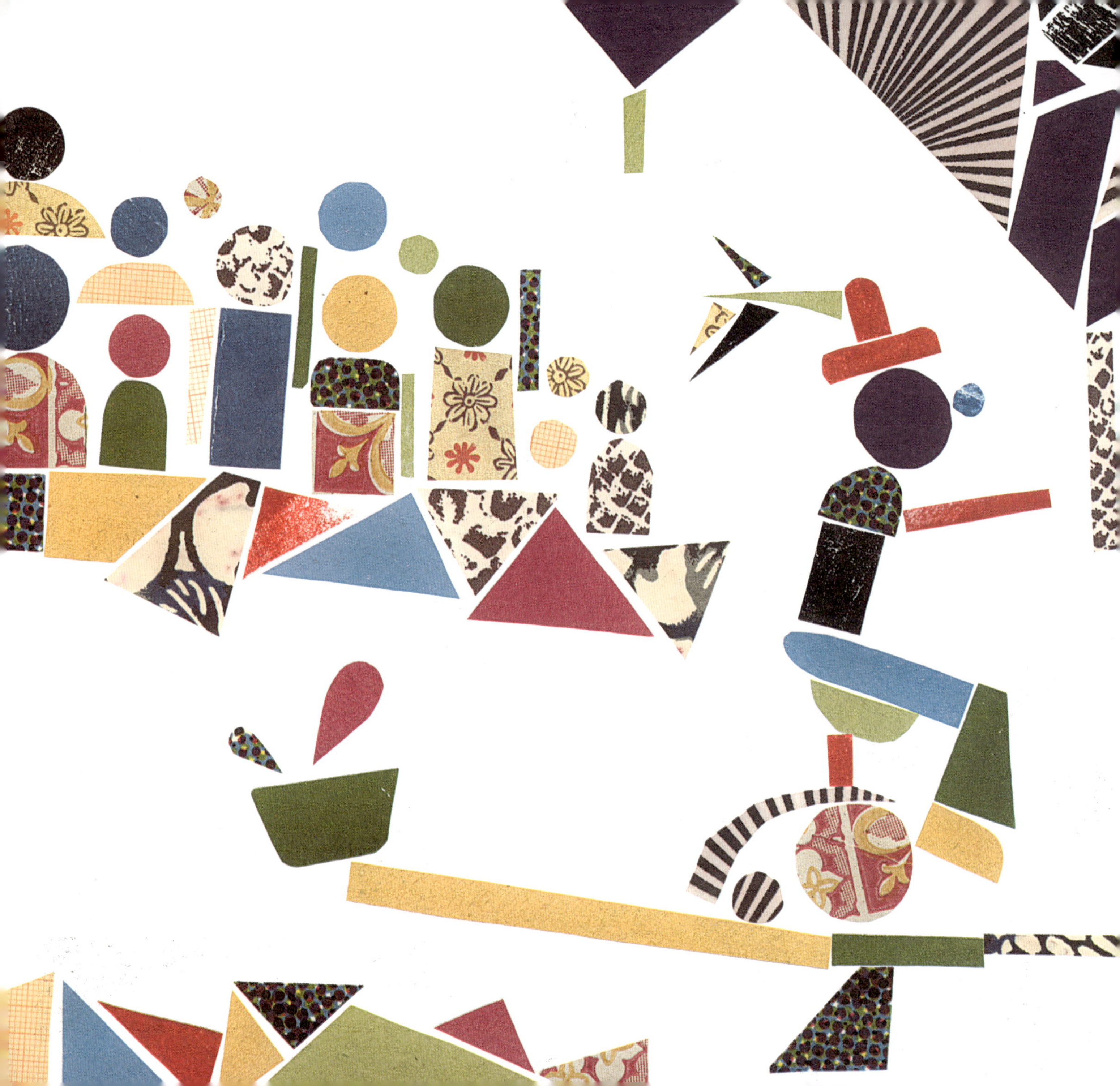

AS PALAVRAS ENCHEM A BOCA DE SONS
E ANIMAM OS PAIS E OS FILHOS
COM O DESAFIO SONORO
DOS MAIS INESPERADOS TROCADILHOS,
ESPÉCIE DE PALAVRAS-PALHAÇOS
QUE VÃO PARA O CENTRO DA PISTA
E DIZEM ENTRE ABRAÇOS
COMO É BELA A VIDA DE ARTISTA.

AS PALAVRAS ADORMECEM NAS MOCHILAS
E ACORDAM DENTRO DA ESCOLA
ESPREGUIÇANDO-SE NA FALA
QUE É O ATO QUE AS CONSOLA
ENQUANTO DIZEM AOS MENINOS
CUMPRIDORES DO SEU HORÁRIO,
QUE COM PALAVRAS NOVAS
DIZEM ALARGAR O VOCABULÁRIO,
ESSA ESPÉCIE DE TESOURO
ONDE OS SONS E OS SENTIDOS
VALEM TANTO COMO O OURO.

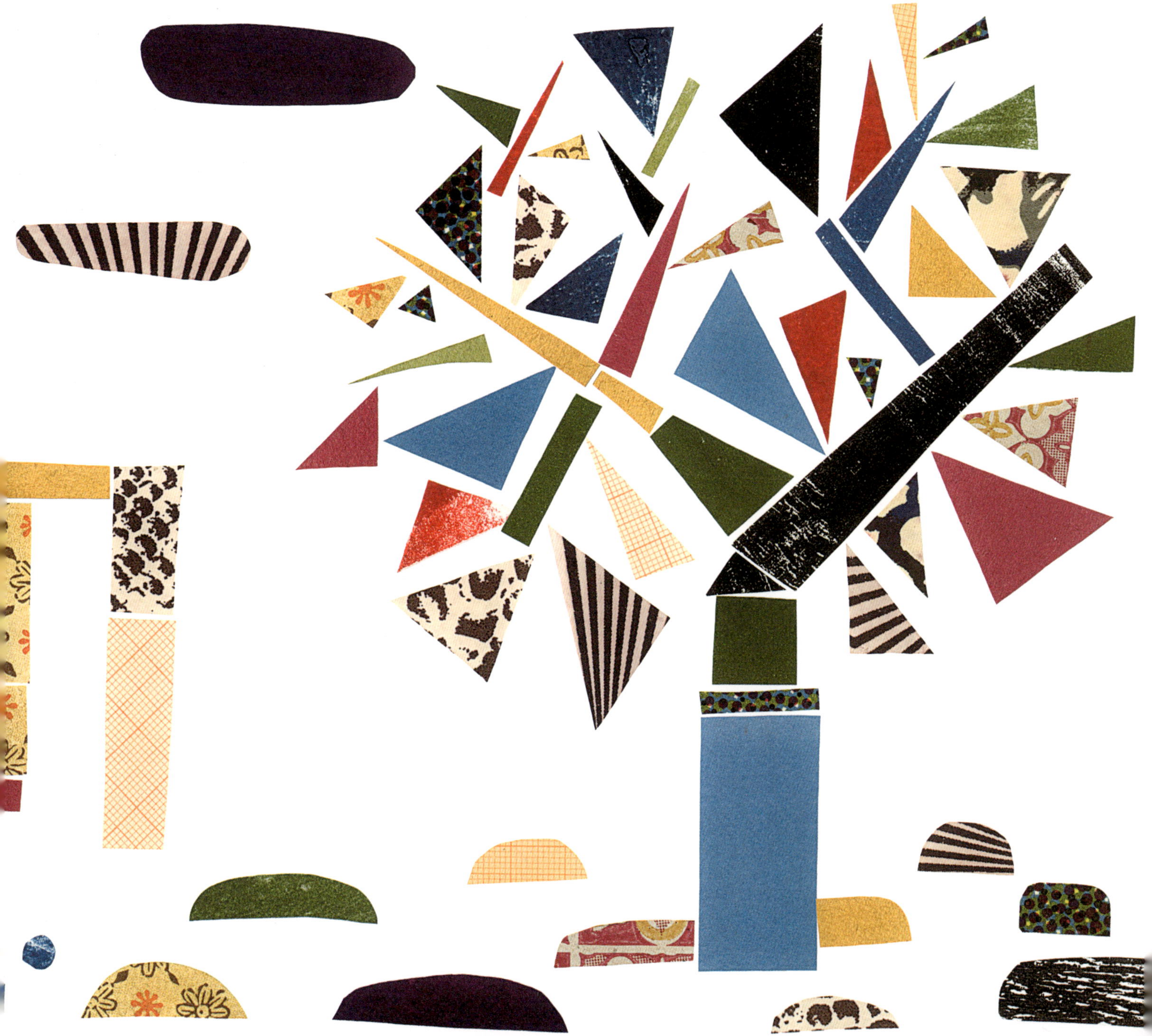

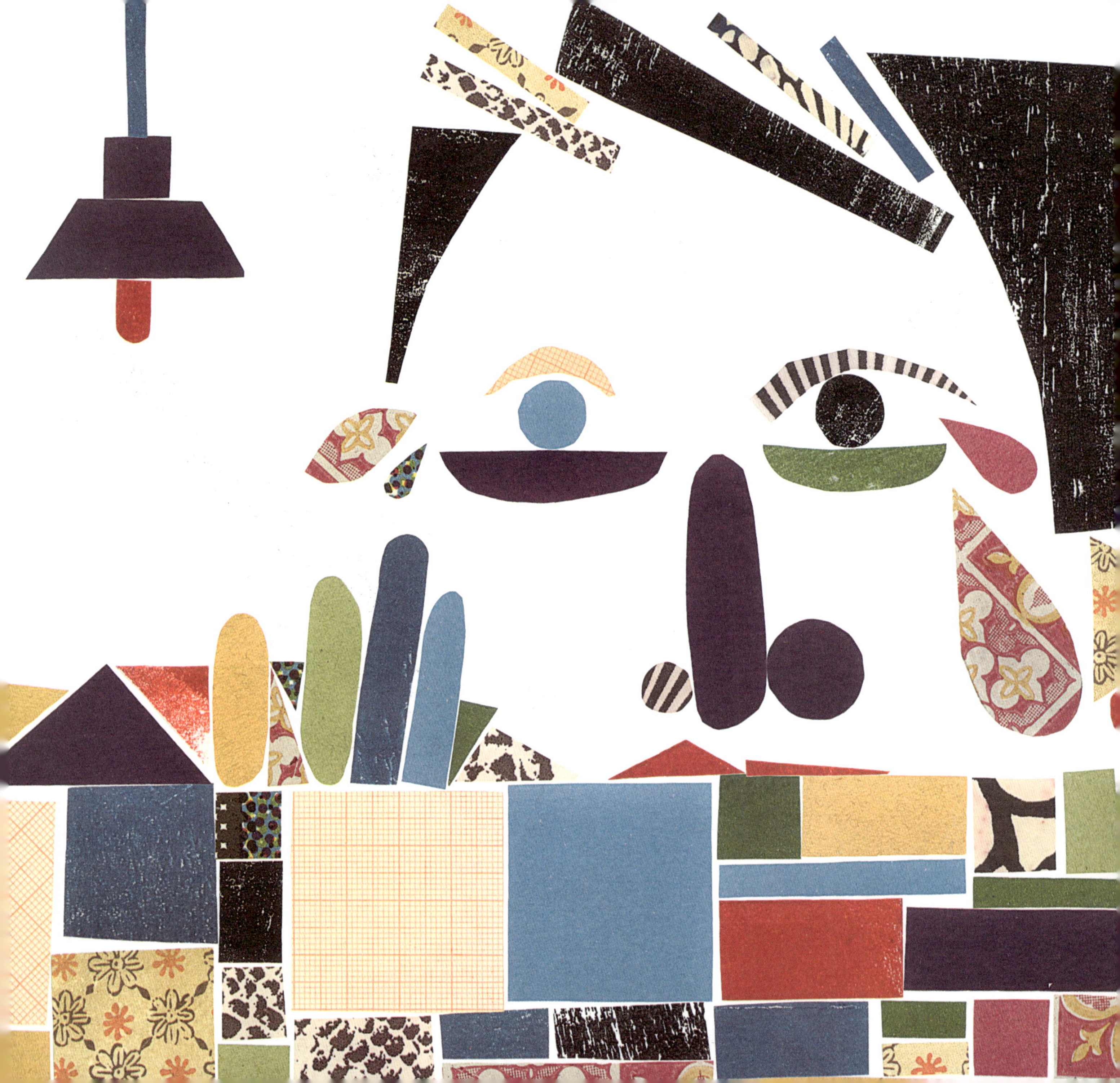

AS PALAVRAS PODEM SER
LEVES E ALEGRES OU GRAVES E TRISTES,
E IR DA COLORIDA GARGALHADA
ATÉ AO CHORO EM QUE INSISTES
QUANDO ACORDAS DE MADRUGADA
COM O FEL DE UM PESADELO
A DEIXAR A NOITE ESTRAGADA.

AS PALAVRAS SERVEM PARA NOMEAR
TUDO O QUE NOS RODEIA
SEJA UMA CENTELHA DE LUAR
OU OS LOBOS DE UMA ALCATEIA,
SEJA UMA ESTRELA DO MAR
OU UM PISCAR DE OLHO DA LUA CHEIA.

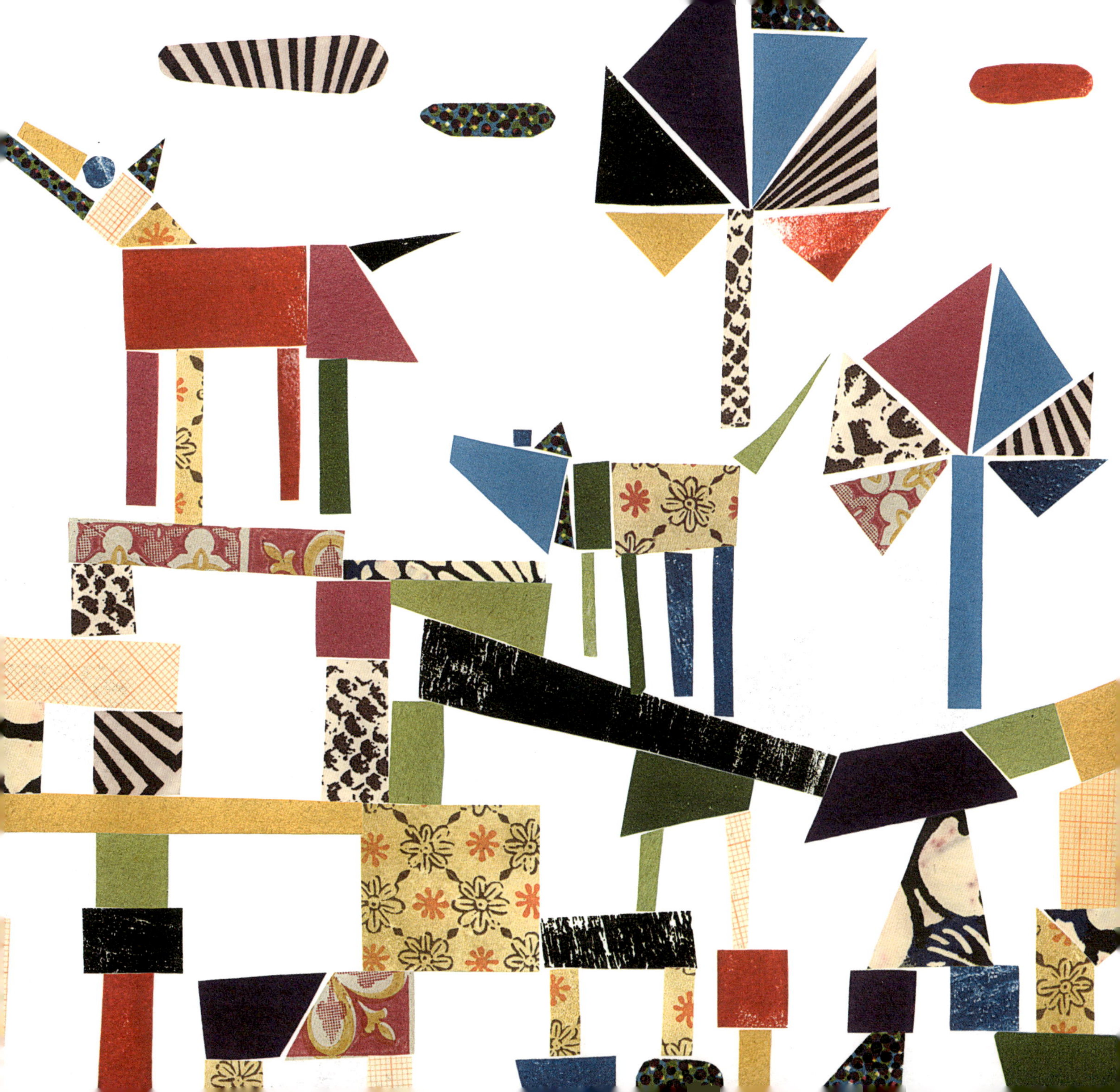

AS PALAVRAS FALAM DO QUE EXISTE
E TAMBÉM DO QUE É PURA ILUSÃO,
PORQUE TÊM O PODER IMENSO
QUE TEM A IMAGINAÇÃO.

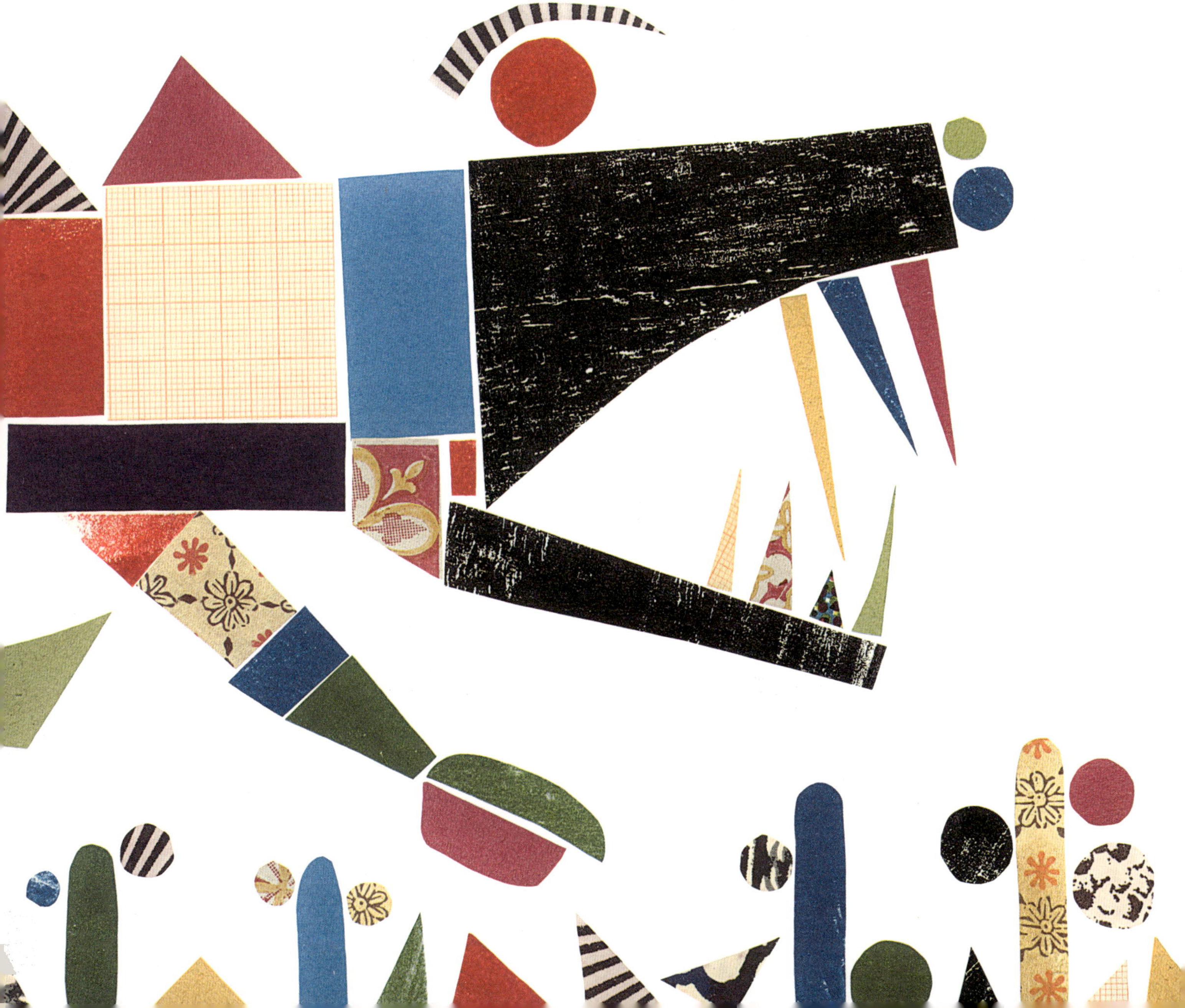

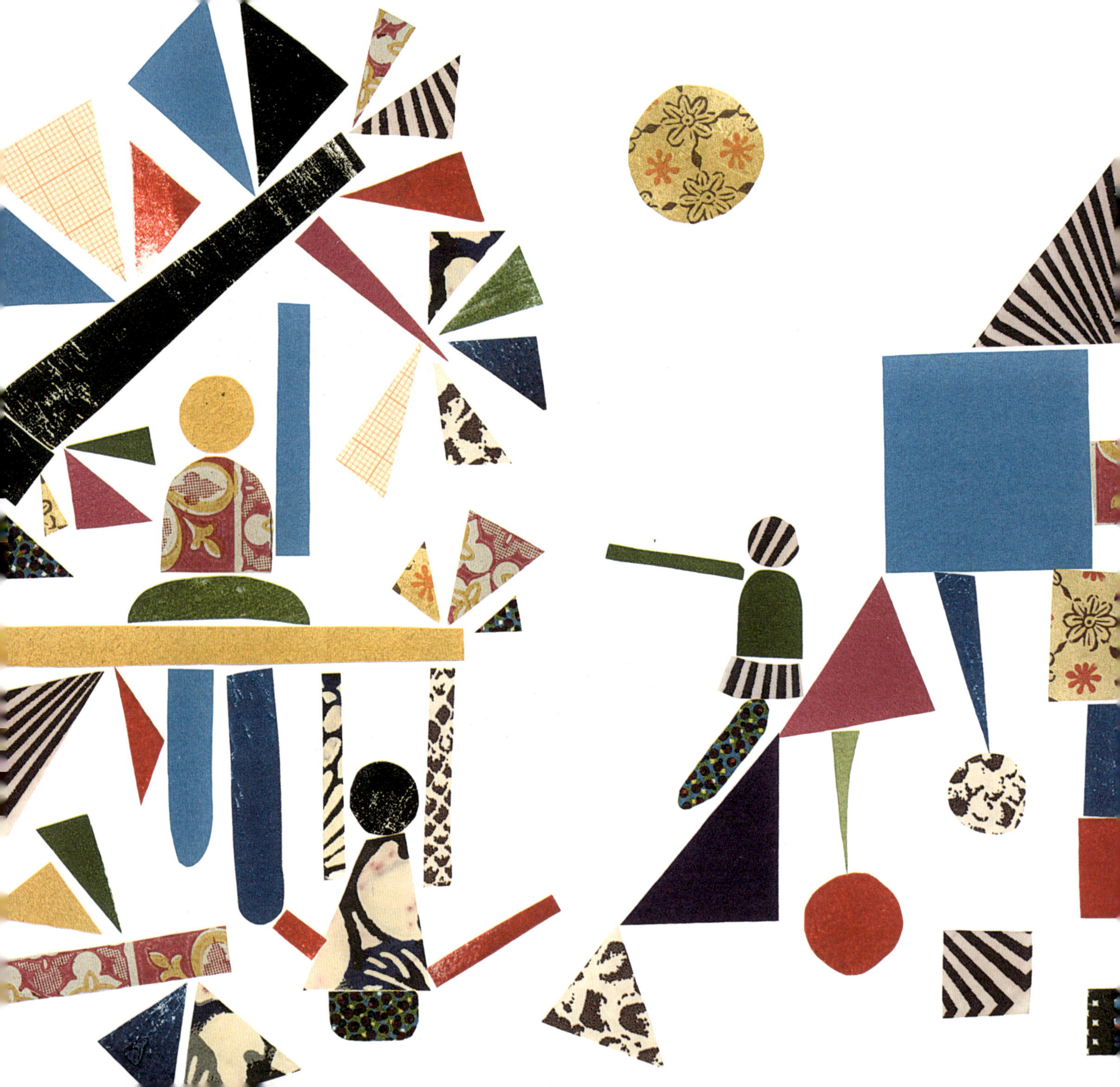

AS PALAVRAS GOSTAM DE BRINCAR
COM OS MENINOS NO RECREIO,
QUE É UM ESPAÇO ILUMINADO
ONDE NADA FICA A MEIO,
NEM A FRASE INVENTADA,
NEM A LIGAÇÃO ENGRAÇADA
DE COISAS SEM SENTIDO
QUE PROVOCAM UMA GRANDE GARGALHADA.

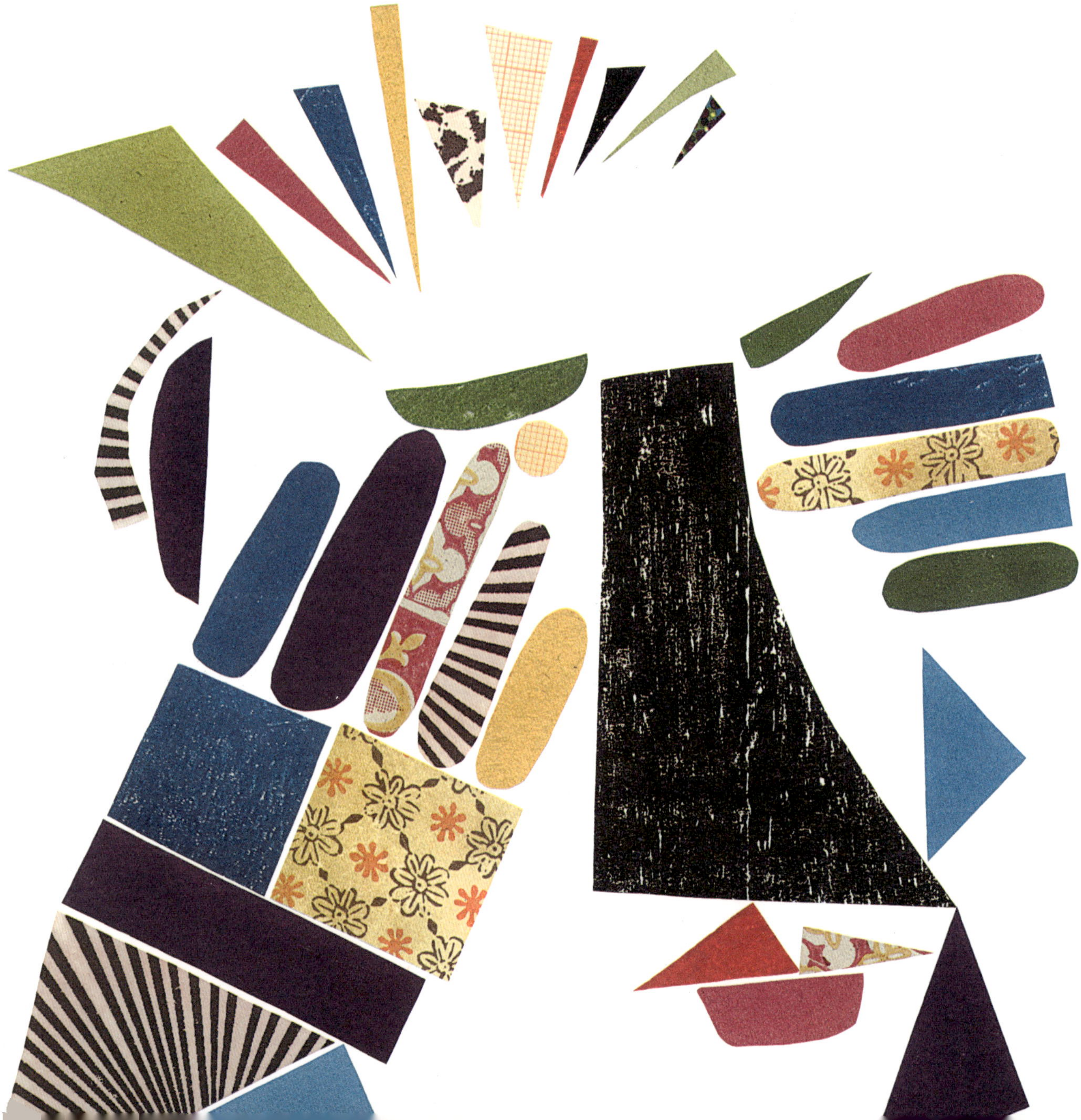

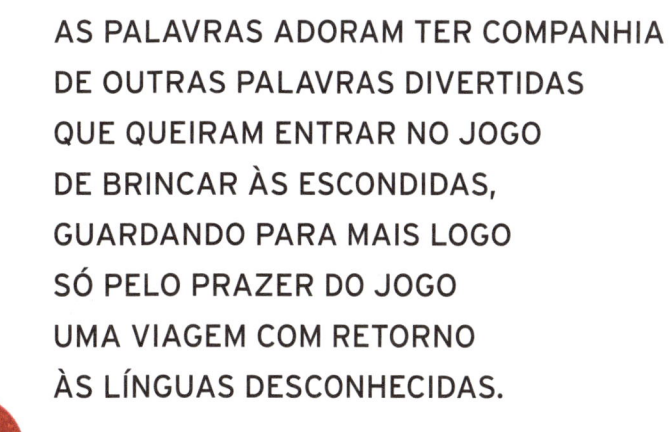

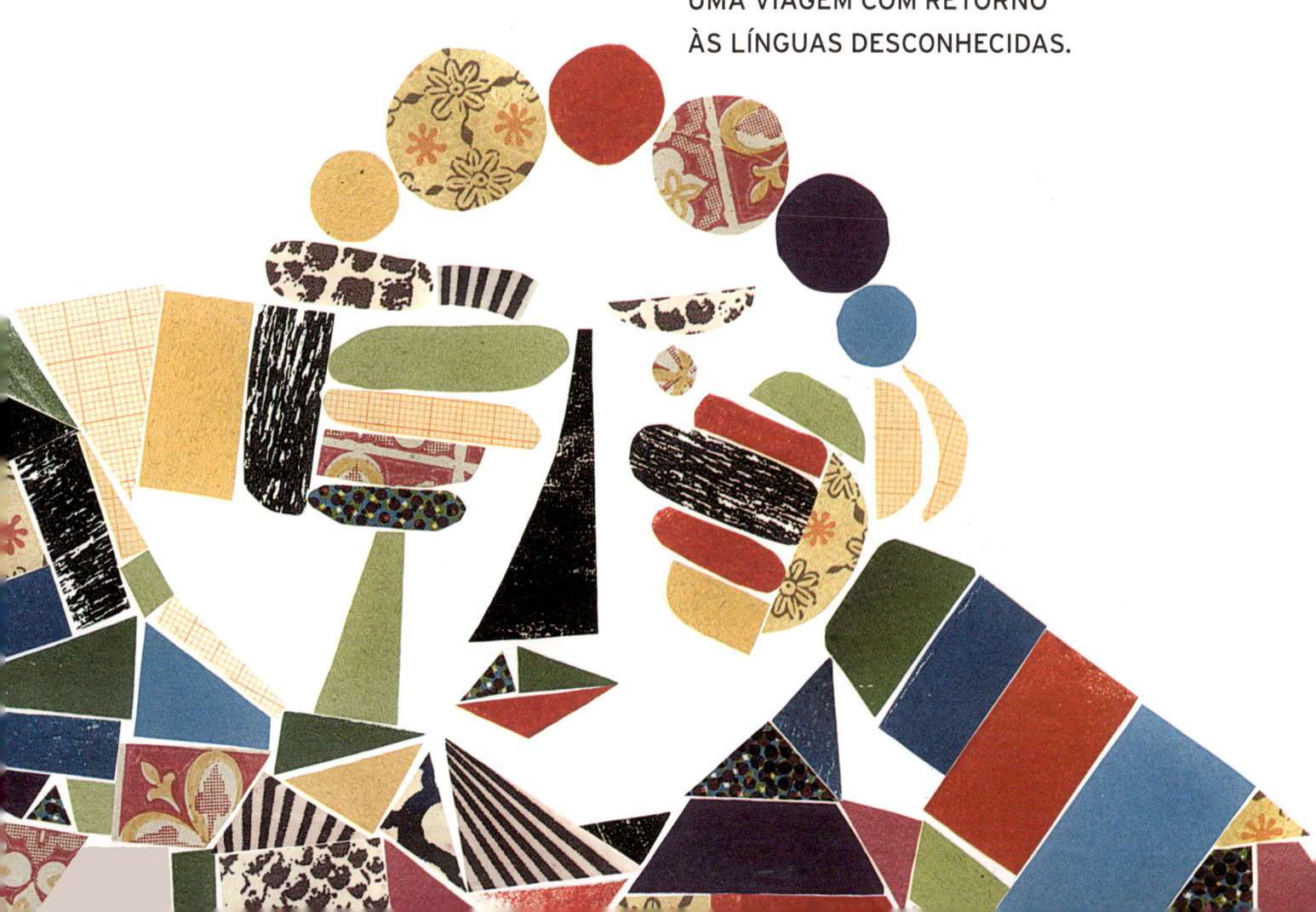

AS PALAVRAS ADORAM TER COMPANHIA
DE OUTRAS PALAVRAS DIVERTIDAS
QUE QUEIRAM ENTRAR NO JOGO
DE BRINCAR ÀS ESCONDIDAS,
GUARDANDO PARA MAIS LOGO
SÓ PELO PRAZER DO JOGO
UMA VIAGEM COM RETORNO
ÀS LÍNGUAS DESCONHECIDAS.

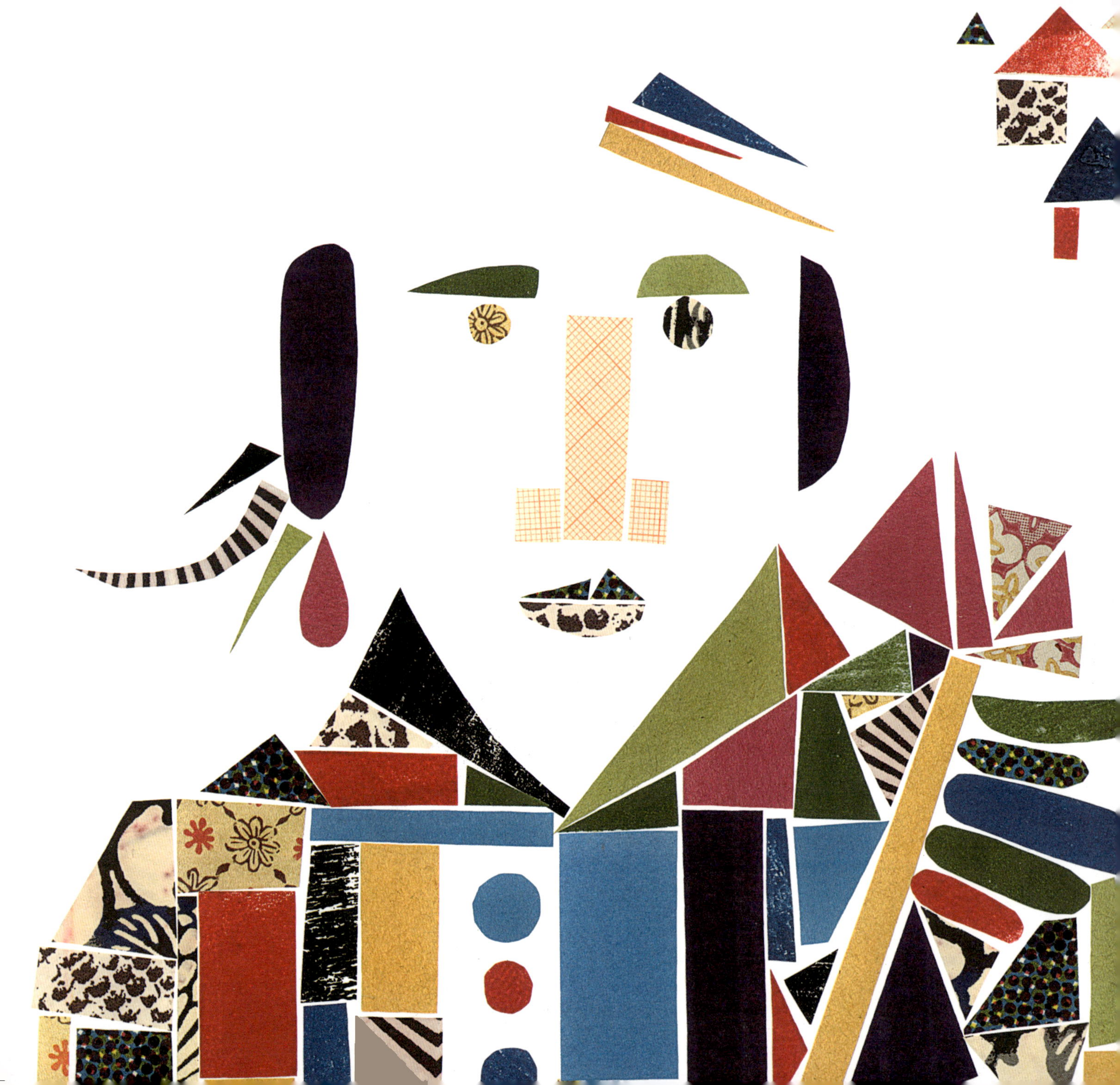

AS PALAVRAS GOSTAM DE DICIONÁRIOS
PARA NELES PODEREM DESCOBRIR
OS OUTROS SENTIDOS QUE TÊM,
TAMBÉM OS SIGNIFICADOS
QUE AFINAL MAIS LHES CONVÊM.

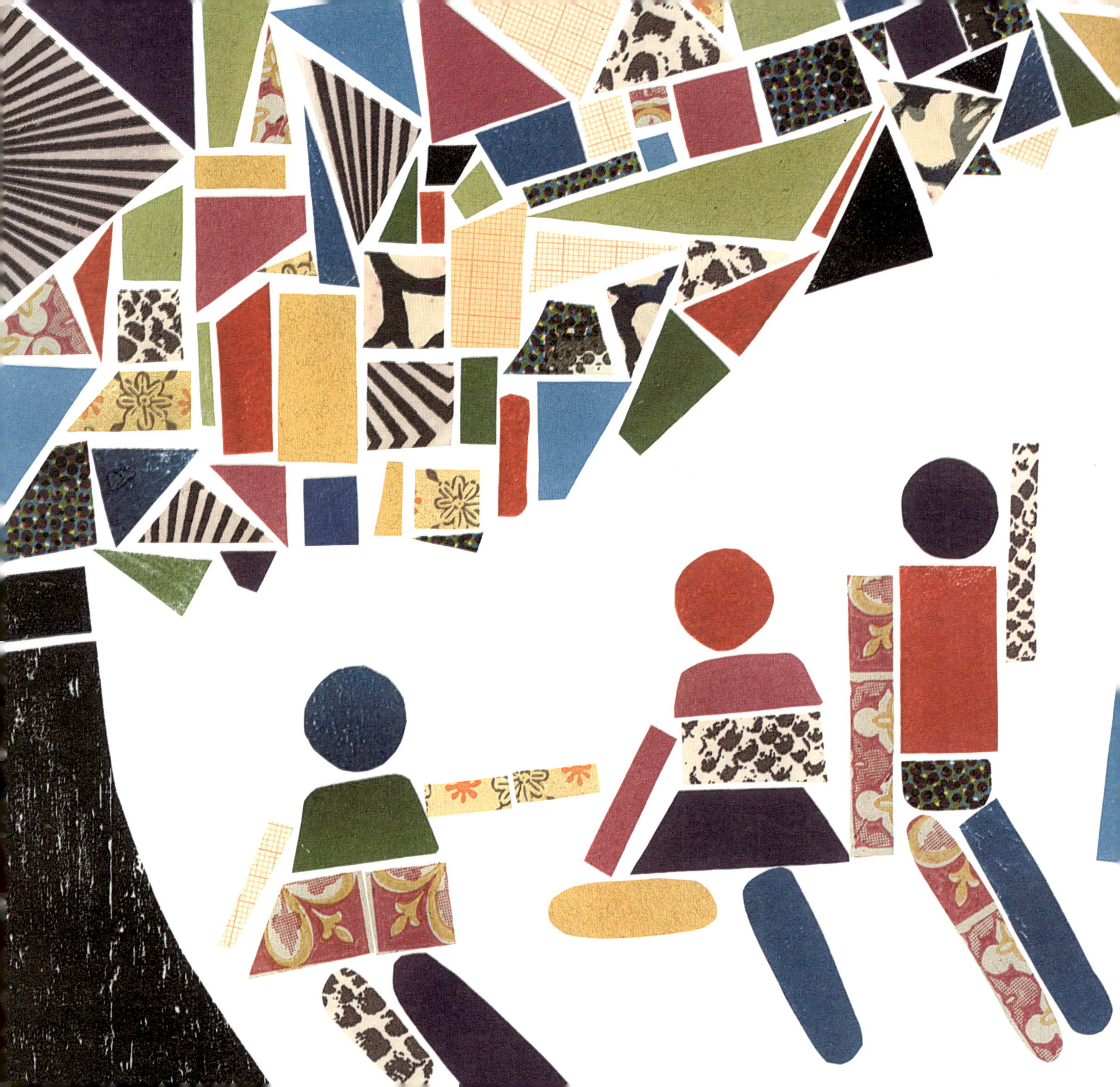

AS PALAVRAS PODEM SER BRINQUEDOS
DE QUEM BRINQUEDOS NÃO TEM,
E QUE ASSIM SE DIVERTE
COMO SE HOUVESSE MAIS ALGUÉM
DO OUTRO LADO DA FALA
A ENTRAR NO JOGO TAMBÉM.

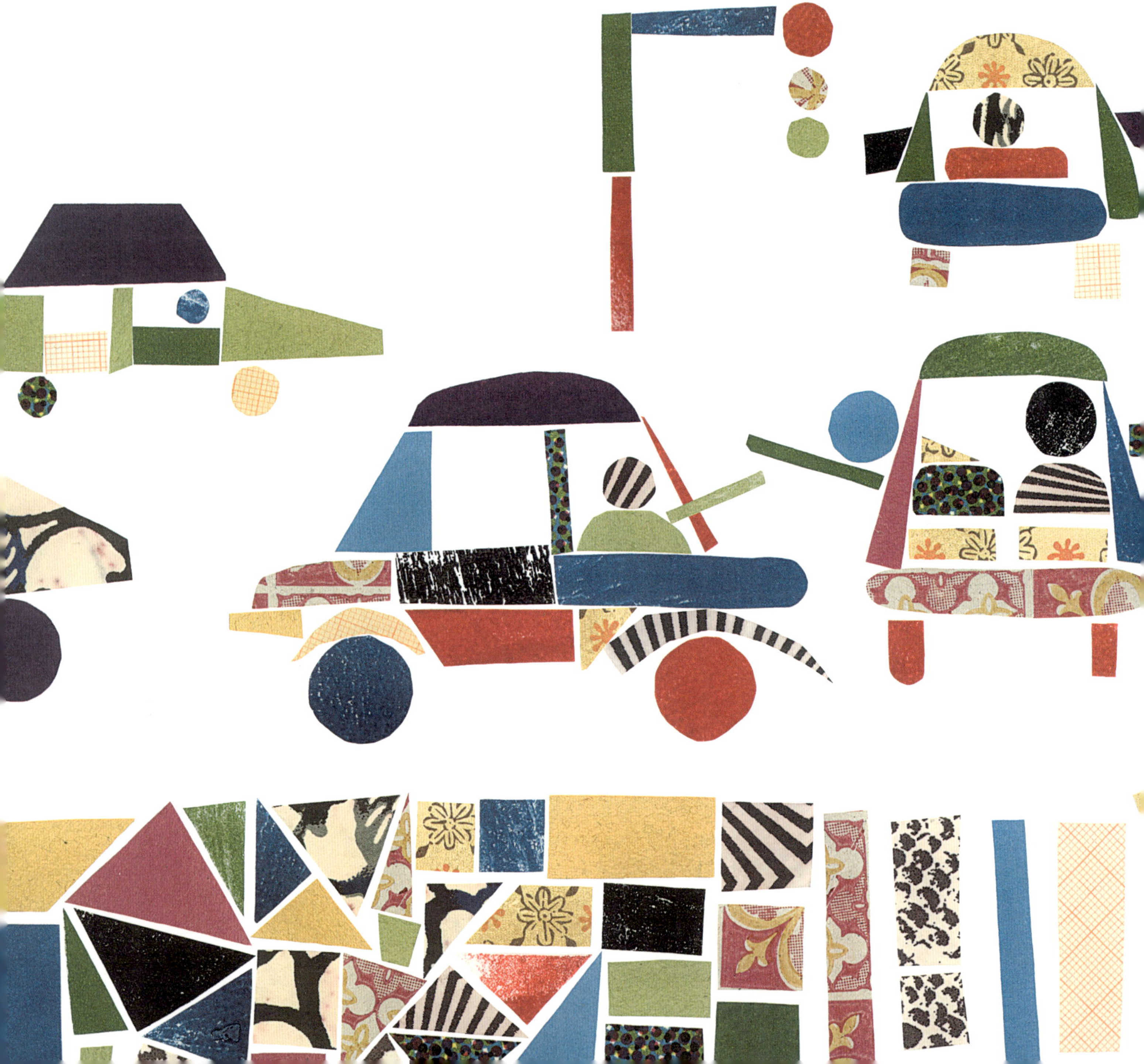

AS PALAVRAS SÃO SÁBIAS E SEM IDADE,
E SÓ AS QUE SÃO EM CALÃO
DEPRESSA PASSAM DE MODA
NO USO QUE LHES DÃO,
NUNCA ENTRANDO NA RODA
DAS QUE UM DIA NASCERÃO
PARA TER LONGA DURAÇÃO.

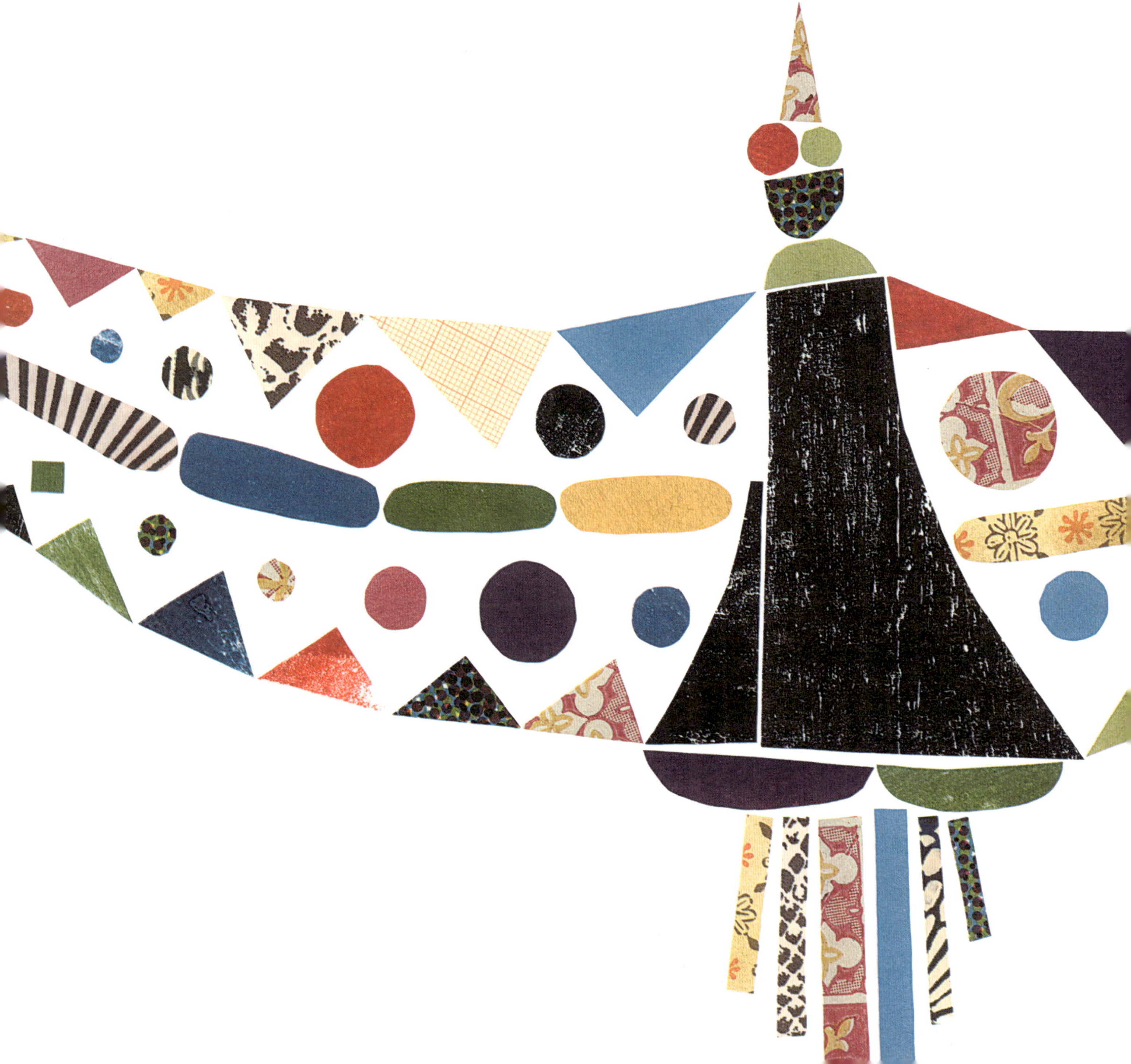

AS PALAVRAS DIZEM TUDO
O QUE OUTRAS NÃO PODEM DIZER,
PORQUE AQUELE QUE AS VENHA CALAR
AINDA ESTARÁ PARA NASCER,
E É ESSA A SUA LIBERDADE,
ESPÉCIE DE COROLA DE SONS
NA NOSSA VOZ A AMANHECER.

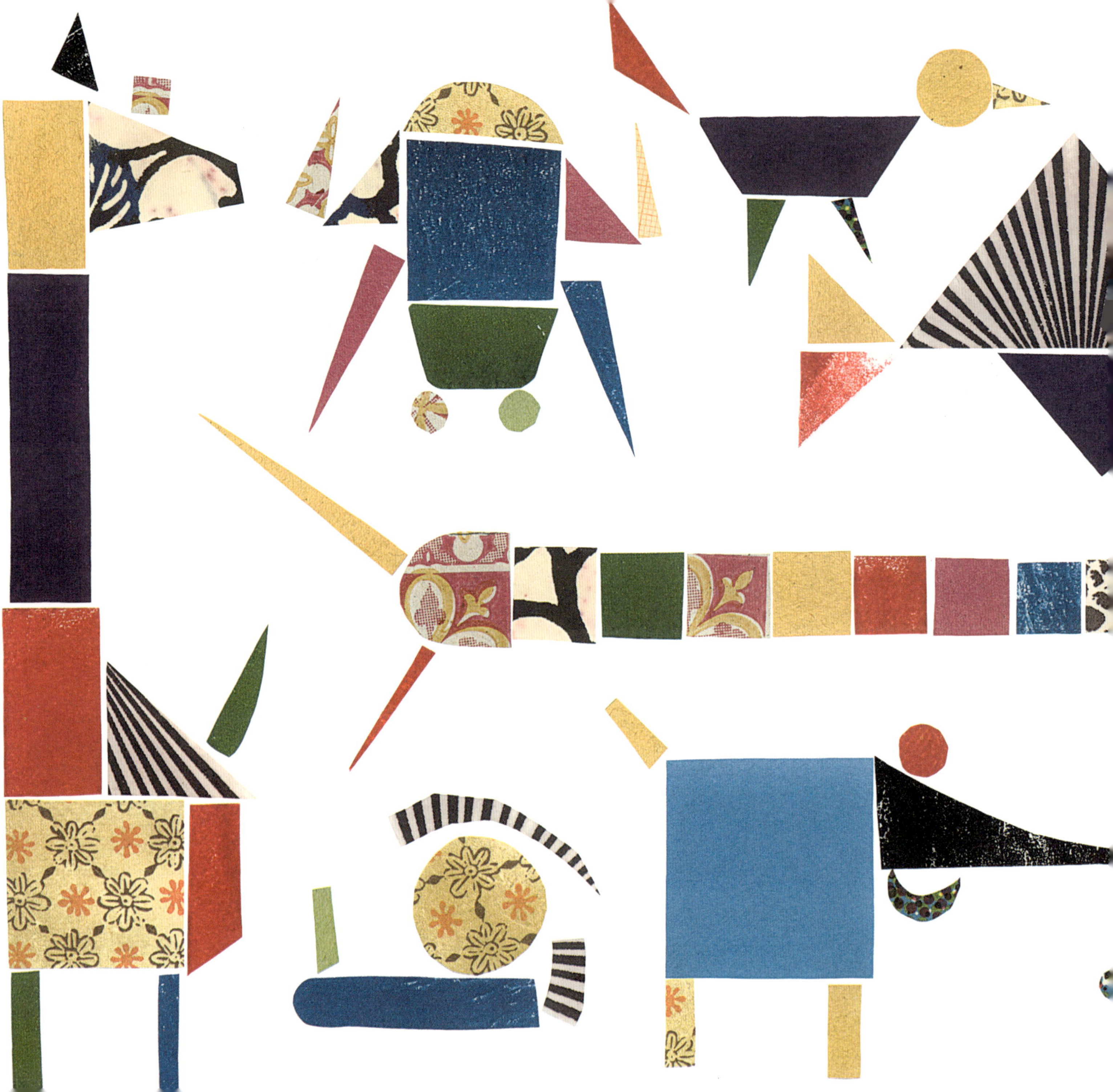

AS PALAVRAS GOSTAM DE ANDAR
COM OS MENINOS PELA MÃO
ENQUANTO ELES APRENDEM
O QUE AS PALAVRAS SÃO
E AS LANÇAM NA PAISAGEM
FEITA DE SONS COM SENTIDO
QUE É A NOSSA LINGUAGEM.

LIBERDA
SENTIDO PACIÊ
PAIZ

AS PALAVRAS NÃO SE VENDEM
NAS LOJAS OU NOS BAZARES
PORQUE NÃO GOSTAM DE SER COMPRADAS
POR QUEM COSTUMA DAR-SE ARES
NEM DE FICAR EXPOSTAS
À COBIÇA DOS OLHARES.

RE Sonho

AS PALAVRAS TÊM UM NOME
E POR ELE SÃO CHAMADAS
ENQUANTO AS PALAVRAS SEM NOME
PREFEREM FICAR CALADAS,
BRAÇO DADO COM O SILÊNCIO
QUE INVADE AS MADRUGADAS.

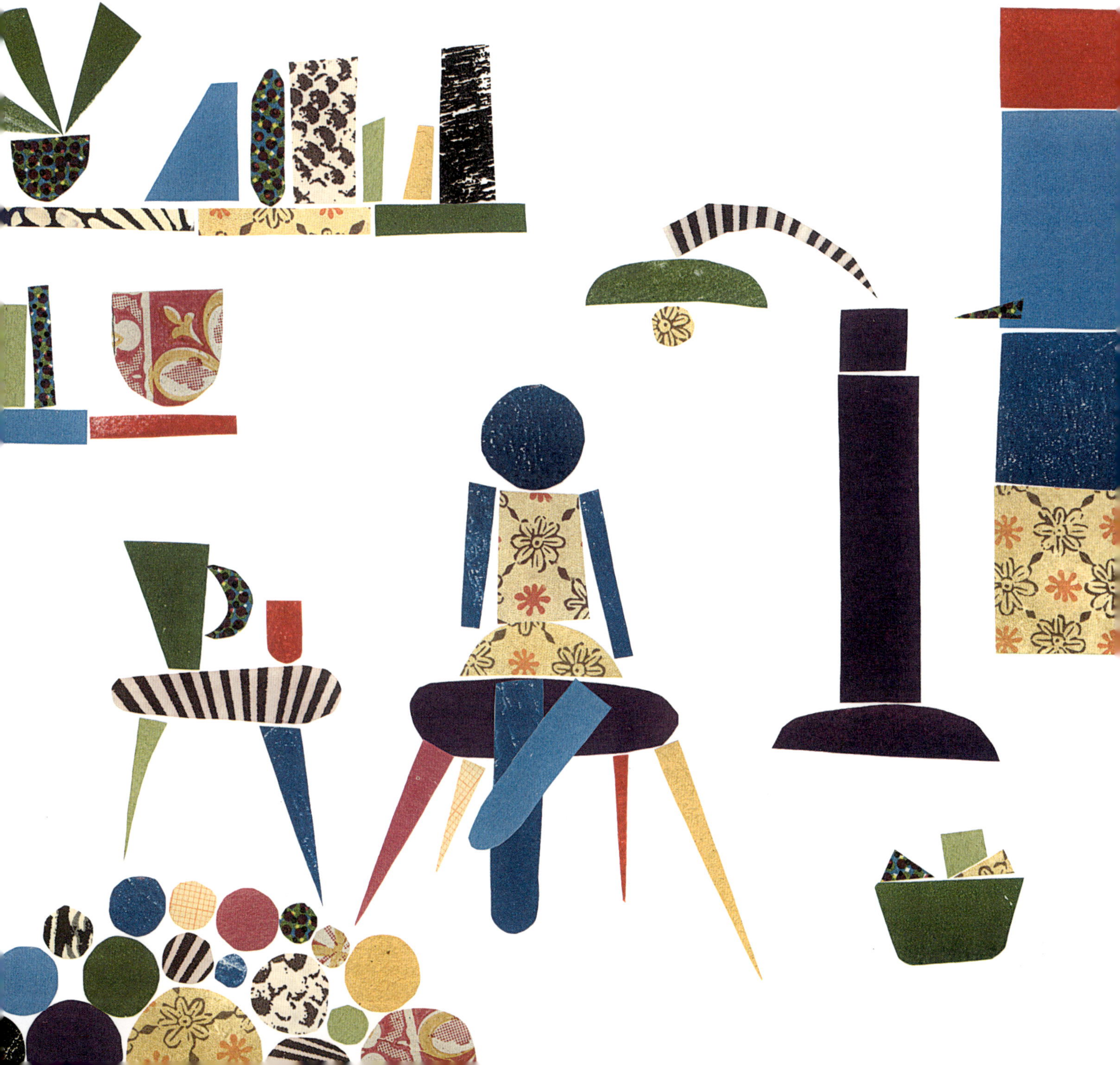

AS PALAVRAS VÃO AO CIRCO
PARA SE PODEREM DIVERTIR,
SENDO AS MELHORES EQUILIBRISTAS
QUE LÁ PODEMOS DESCOBRIR,
E TAMBÉM AS DOMADORAS
DOS SENTIDOS MAIS REBELDES

DA ESPÉCIE VOCABULAR
SEM NUNCA USAREM CHICOTE
PARA OS PODEREM DOMAR,
MAS APENAS A IMAGINAÇÃO,
QUE É UMA PEDRA PRECIOSA
QUE SE ENCONTRA GUARDADA
ENTRE A VOZ E O CORAÇÃO,
NESSA MINA QUE EXISTE
NO LUGAR ONDE AS PALAVRAS ESTÃO.

JOSÉ JORGE LETRIA

Nasci perto do mar, em Cascais, e acho que as primeiras palavras que ouvi vinham misturadas com o rumor das ondas e com o silvo do vento. Talvez as palavras tenham mesmo sido os meus primeiros brinquedos, os mais maleáveis e versáteis, os mais sedutores e indestrutíveis. Filho único, fiz das palavras a minha companhia mais fiel e cantante. Graças a elas, um dia percebi que me tornara poeta, e que esse seria o meu destino e a aventura maior da minha vida.

Tornei-me um homem de palavras e, também, um homem de palavra, porque, como a minha avó lembrava, o que uma pessoa diz deve ter o valor de uma escritura. Mas nunca deixei de brincar com as palavras, com os seus sons e os seus sentidos mais insondáveis e secretos. Fiz delas a ponte de criatividade e ternura que me permitiu entrar no imaginário dos meus filhos e mais recentemente dos meus netos, e no de muitos milhares de crianças ao longo de décadas de ofício de escrita. Tornamo-nos livres e cúmplices quando nos sentamos à mesa das palavras, prontos para reinventar o mundo através dos nomes divertidos que damos às coisas e às pessoas.

Este livro é a minha maneira de dizer quanto gosto das palavras e quanto elas me iluminam o espírito e os sonhos, ganhando asas para voarem muito para além dos muros da incompreensão e do silêncio. Se as pessoas brincassem mais com as palavras, este mundo havia de ser muito mais divertido e pacífico. Imateriais e livres, as palavras não estão sujeitas à contabilidade mesquinha das vidas moldadas pelo egoísmo e pela ganância. Por isso continuo a brincar com elas como nos tempos já longínquos da infância, com a certeza de que a minha idade será sempre a daquelas que ainda me falta inventar para me sentir feliz enquanto as escrevo, enquanto renasço nelas e com elas. Abençoadas as palavras que agora me levam até vós, engalanadas de alegria, neste imenso e fraterno Brasil.

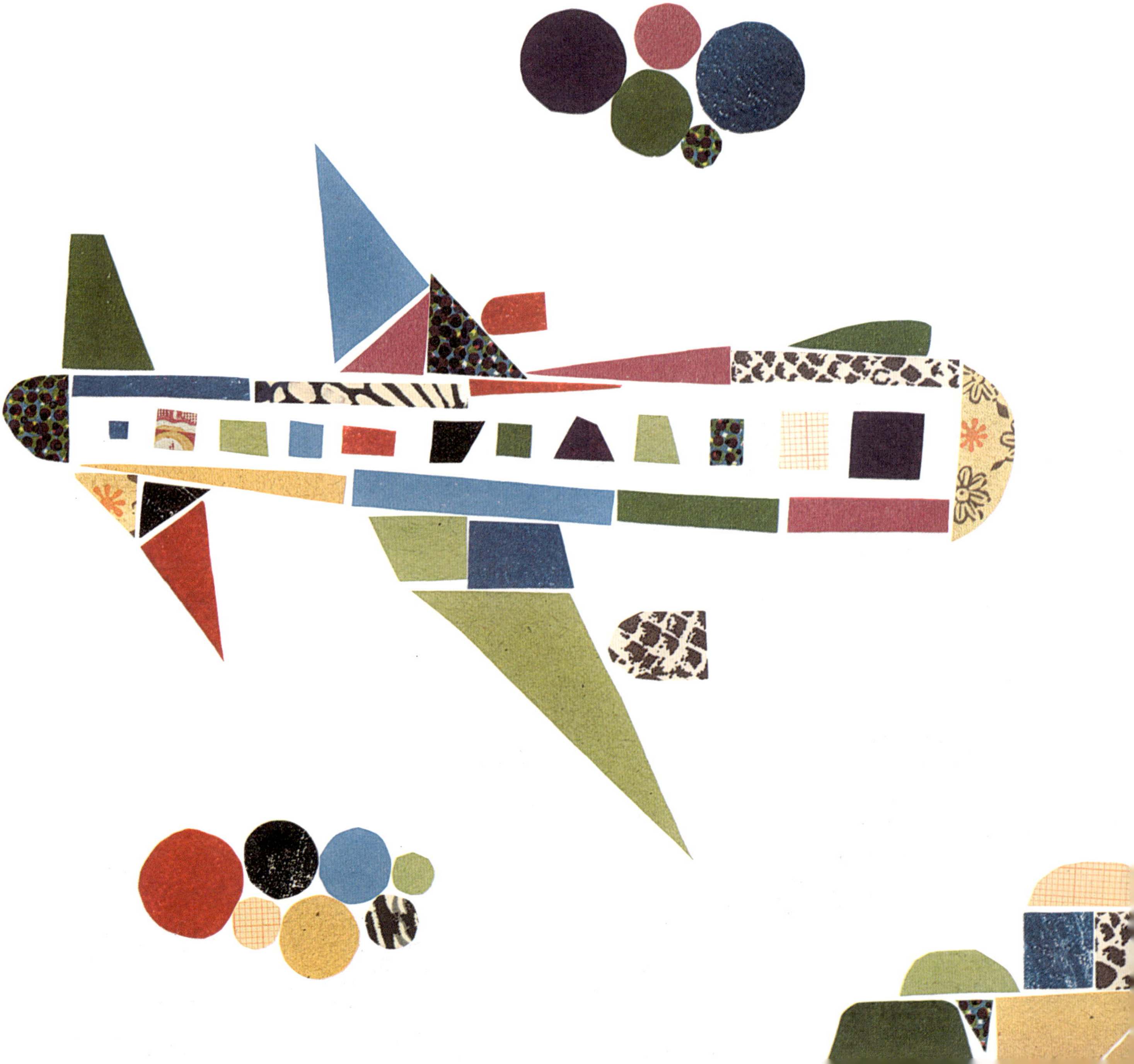

SILVIA AMSTALDEN

Sou arquiteta formada pela Universidade de São Paulo, mas escolhi trabalhar construindo livros. Pela Peirópolis já fiz uma porção deles, como *Amigagem*, *Isso Isso* e *Inveja*. Gosto de trabalhar com diversos materiais e pensar o livro por inteiro. A partir da minha leitura do texto, escolho formas, tipos e papéis que acho importantes para essa construção. Para compor os desenhos deste, pensei em uma biblioteca de formas recortadas em papéis coloridos. Elas funcionam como um jogo de peças, e são usadas para montar os desenhos. Poucas vezes usei todas elas juntas e nunca as repeti numa mesma ilustração. No texto, as letras formam as palavras, as palavras formam os versos e os versos formam os poemas. Nas ilustrações, as peças formam as imagens, e este conjunto de versos e ilustrações forma o livro, como um grande jogo.

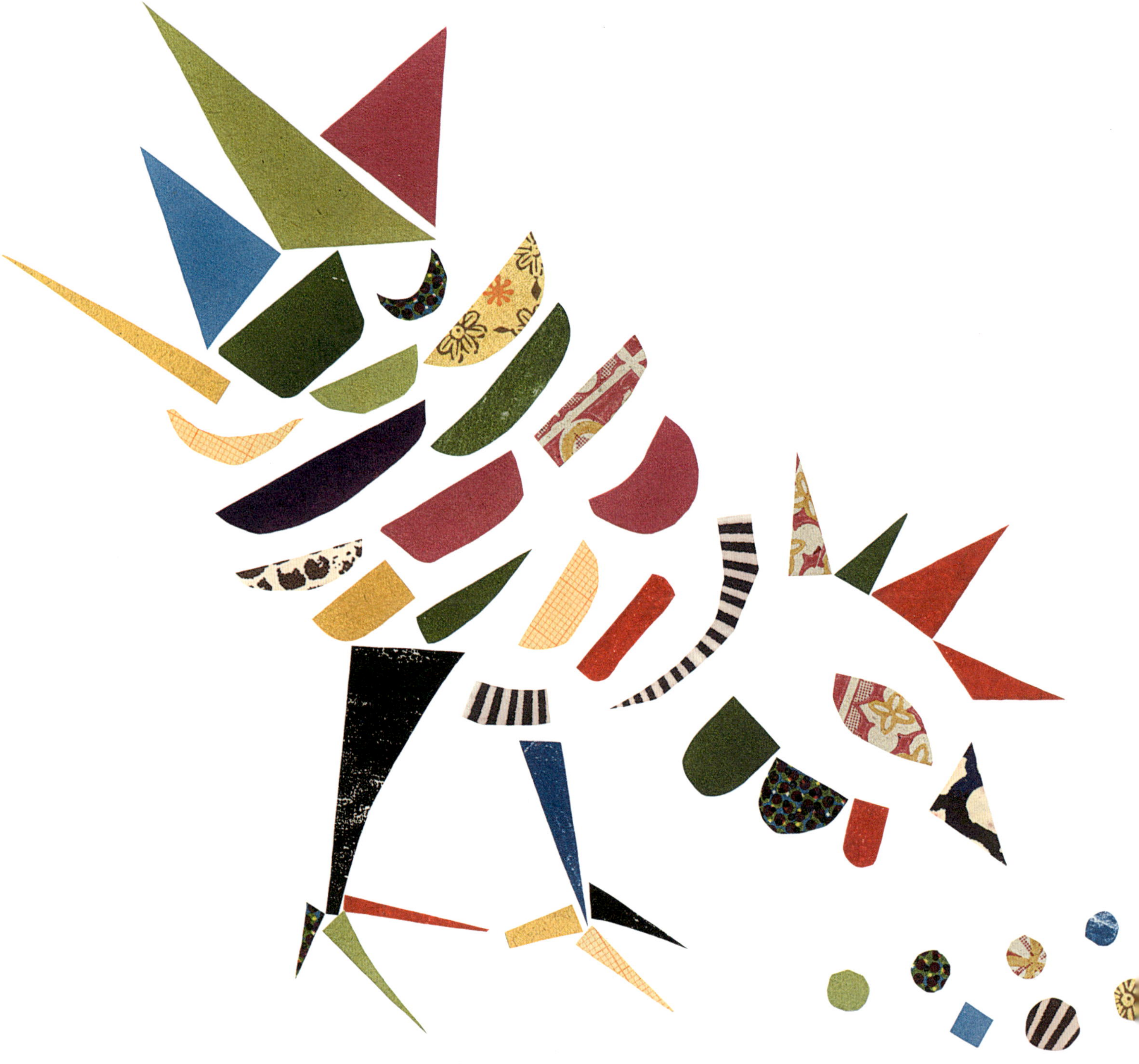

WWW.EDITORAPEIRÓPOLIS.COM.BR

MISSÃO
Contribuir para a construção de um mundo mais solidário, justo e harmônico, publicando literatura que ofereça novas perspectivas para a compreensão do ser humano e do seu papel no planeta.

EDITORA
PeirópoliS

A gente publica o que gosta de ler:
livros que transformam.

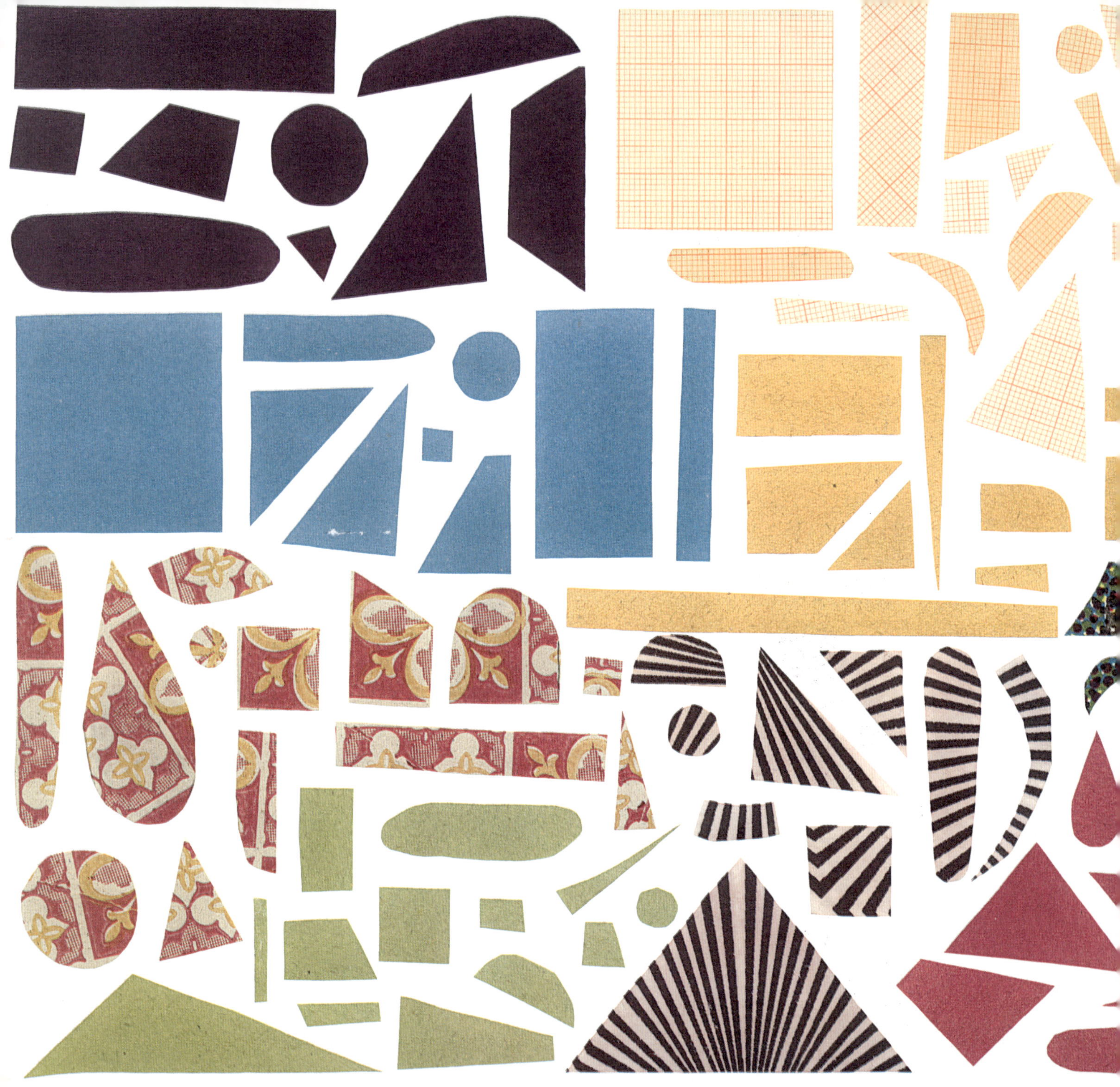